Zarigüeyas

(Tlacuaches)

Criaturas Malentendidas

Dr. Richard A. NeSmith

Serie Amor a la Naturaleza

PUBLICACION 13

Principios Aplicados de Enseñanza y Aprendizaje

APE-Learning

© **2021 Richard A. NeSmith**

Love of Nature Series

dr.nesmith@gmail.com

http://richardnesmith.obior.cc

Todas las imágenes de este libro son propiedad de sus respectivos autores.

Dr. Richard A. NeSmith

Winter Haven, FL 33884

Julio 2021

ISBN: 9798530137716

FLESCH-KINCAID NIVEL GRADO L: 7.8

Zarigüeyas Norteamericanas
(Didelphis *virginiana*)

Pregúntele a cualquier persona, "¿cuál es su animal salvaje favorito?" y obtendrás muchas respuestas diferentes. Osos. Panteras. Ardillas e incluso mapaches. Pero rara vez alguien dirá "una zarigüeya". La zarigüeya, a menudo llamada simplemente "zarigüeya", zarigüeya común o zarigüeya de Virginia, no es un animal estadounidense muy popular. En algunos lugares lo conocen como "tlacuache". Algunos

piensan que se parecen o actúan como un gato. Algunos sugieren que parecen más una rata. De hecho, no lo son. Son el único marsupial (animal con bolsa) que se encuentra en América del Norte. Y parece que no son muy populares.

¿Qué le viene a la mente cuando piensa en una zarigüeya? Las zarigüeyas son la criatura más incomprendida. Un veterinario de vida silvestre los describió como repugnantes, lo que significa que "causan odio o disgusto;

repulsivo." Algunas zarigüeyas clasifican junto con serpientes, murciélagos y buitres. Pero estará más iluminado a medida que aprenda sobre estos marsupiales norteamericanos únicos y únicos en su tipo. Y, una vez que lo sepas, te sentirás más agradecido y respetuoso con esta criatura endémica.

El nombre "zarigüeya" se deriva de una palabra india algonquina "apasum", que significa animal blanco o cara blanca.Hay más de 65 especies de zarigüeyas en el mundo, pero solo una en América del Norte; la Didelphis

virginiana. Hay varios conceptos erróneos sobre la zarigüeya que abordaremos. Éstas incluyen:

- ❖ se cuelgan boca abajo para dormir,

- ❖ son peligrosas y probablemente rabiosos,

- ❖ no son inteligentes,

- ❖ son una molestia,

- ❖ son sucios y desagradables,

- ❖ ni siquiera pueden cruzar la calle sin que los maten

La mejor manera de aprender sobre un animal es observarlo, estudiarlo y leer todo lo que pueda sobre él. Las primeras impresiones pueden ser impresiones duraderas, pero las primeras impresiones suelen ser incorrectas. La zarigüeya de Virginia contribuye en gran medida a un medio ambiente saludable y desempeña un papel vital en su hábitat.

Alcance

Se cree que las zarigüeyas emigraron de América del Sur cuando el istmo de América Central se convirtió en tierra seca. A la zarigüeya se le da el nombre de especie virginiana,

posiblemente debido a los informes de los colonos de Jamestown, Virginia. Existe alguna evidencia de que la versión en inglés de la palabra fue utilizada por primera vez en la cultura occidental por el capitán John Smith en 1608

Como la mayoría de los animales, el suministro de agua y alimentos y el clima determinaban su área de distribución.

Encontraremos que las zarigüeyas ya tienen una temperatura corporal más baja que la mayoría de los mamíferos, por lo que el clima se convierte en un factor.

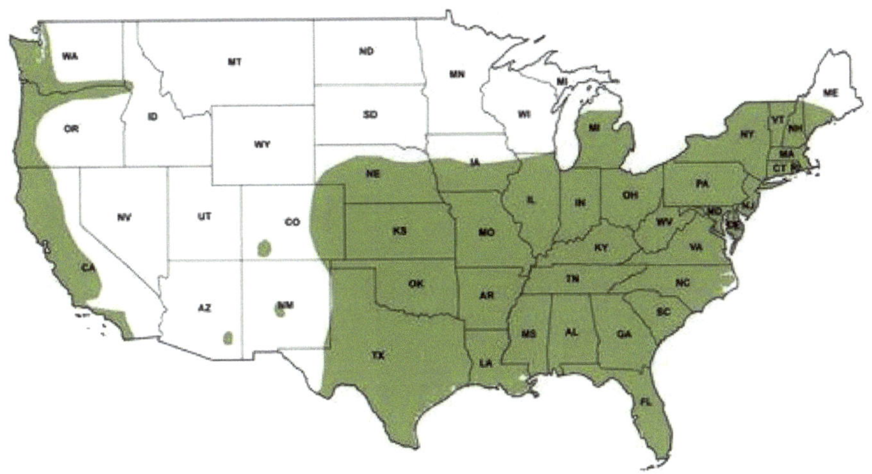

Proporcionado por cortesía del CONSEJO CONSULTIVO DE LOUISIANA FUR. disponible en: https://www.louisianafur.com/opossum.html (Vea reconocimiento, p. 44)

En el mapa de abajo, se puede ver dónde viven las zarigüeyas en general. Tras un examen más detenido, se puede ver que evitan las regiones áridas (secas) (que también hacen mucho frío por la noche). Además, evitan los estados donde los inviernos pueden ser muy desafiantes. Las zarigüeyas también se encuentran en México, América Central y en Columbia Británica, Canadá.

Características

Se dirá más acerca de que la zarigüeya es un marsupial cuando hablemos de la reproducción. Es de vital importancia. Las zarigüeyas miden aproximadamente 2,5 pies (76 cm) de largo. Son similares en tamaño a un gran

gato doméstico. Su cabeza es algo triangular, junto con la nariz larga y puntiaguda, les da un aspecto único, diferente y quizás más aterrador que el de otros mamíferos. El pelaje se parece más a lo que llamaríamos un "día de mal pelo", pero cumple su propósito. Son grisáceos, a menudo con rayas negras. A veces parece blanco / negro mezclado, descrito como sal y pimienta.

La cola sin pelo, de aspecto casi escamoso, es fuerte y prensil (es decir, capaz de agarrar). La cola se usa a menudo para equilibrar o para apalancar. Aunque se han visto algunas zarigüeyas bebé colgando boca abajo, esto no es algo que hagan los adultos. Cuando las zarigüeyas jóvenes cuelgan de sus colas, es solo por períodos de tiempo muy cortos, ya que las colas no son lo suficientemente fuertes para sostenerlas por mucho tiempo. La idea de que las zarigüeyas duermen boca abajo, colgando de la cola, no es exacta. Al trepar, por lo general, la cola se usa para agarrarse a otra rama para asegurar su equilibrio o asegurarse de que estén seguros en caso de que se desvíen y caigan.

En cada una de las patas de una zarigüeya hay cuatro dedos y un dedo o pulgar oponible. Cada dedo tiene una garra excepto el "dedo gordo" en el retropié. Este dedo del pie trasero se llama hallux oponible. Este pulgar / hallux mejora la zarigüeya de muchas maneras, incluso siendo excelentes escaladores. Sus patas parecen más manos humanas que las de animales similares.

Las zarigüeyas no hibernan. Pero en áreas muy frías de su rango, entran en letargo, una etapa de metabolismo y respiración muy lentos, utilizando las grasas almacenadas durante períodos cortos. Se despiertan y se alimentan según sea necesario. Las zarigüeyas son limitadas en su rango con respecto a los climas fríos. Son susceptibles a congelarse en las partes sensibles y sin pelo de su cuerpo, incluidas las orejas, la cola y los dedos de los pies.

Dieta

La zarigüeya de Virginia es nocturna (criatura nocturna) y usa su agudo sentido del olfato para encontrar comida. Las zarigüeyas salen de sus guaridas unos 30 minutos después de la puesta del sol. La principal actividad de alimentación tiende a ocurrir aproximadamente dos horas después. Dado

que come casi cualquier cosa (omnívoro), sus posibilidades de supervivencia son bastante buenas. Aunque prefiera frutas e insectos, es muy oportunista.

Las zarigüeyas comen plantas, carroña (animales muertos o en descomposición), insectos y otros animales pequeños, incluidos pájaros, ratones, serpientes, huevos y basura humana. Comen muchas cucarachas, garrapatas, roedores, serpientes y animales atropellados. También, como los conejos, ingerirán su propia caca. Esta primera caca se llama cecotropo y es rica en proteínas y vitaminas.

La búsqueda de comida fácil a menudo pone a las zarigüeyas en contacto con los humanos y a lo largo de las carreteras. Un estudio realizado en 2012 determinó que las zarigüeyas que viven en áreas urbanas eran significativamente más grandes y estaban mejor alimentadas que las que viven en la naturaleza.

Habitat

Así como la zarigüeya de Virginia come casi todo lo que puede encontrar, su hábitat no es diferente. Tiende a deambular, casi como un vagabundo sin hogar. Puede que

prefiera los bosques caducifolios, pero irá donde es más probable que encuentre comida. Puede que le gusten los bosques abiertos, una pista de tierras de cultivo, los humedales, la marisma o el arroyo, pero vivir en su ático junto al contenedor de basura del restaurante vecino no parece importar. Y muchos propietarios han tenido que llamar al eliminador de vida silvestre local para que se deshaga de las zarigüeyas granjeras demasiado amigables.

Como hemos señalado, las zarigüeyas suelen cazar o escombrar la basura a veces, tienden a dormir durante el día. Se acurrucarán en una madriguera o en un árbol hueco. También pueden encontrar una madriguera abandonada dejada por un roedor, una tortuga de tierra o incluso un armadillo.

Comportamiento

Las zarigüeyas son excelentes nadadores. Su estilo de natación ha sido descrito como "parecido a un caballo".

También intentarán pescar en estanques, lagos o ríos. Algunos pescadores se han quejado de que las zarigüeyas reducen las poblaciones de peces.

Sin embargo, las zarigüeyas no son muy buenas para correr, y mucho menos para escapar. Son buenos escaladores y, si se les da la oportunidad, intentarán escalar. Pero, con una velocidad máxima de carrera de aproximadamente 4 millas por hora (6,44 kph), no pueden confiar en escapes rápidos. Su carrera es como la de la mayoría de los mamíferos. Incapaces de huir rápidamente, es posible que recurran a gruñir, eructar, orinar e incluso defecar. Finalmente, hay otro mecanismo de "escape", "hacerse el muerto".

El fenómeno de "hacerse el muerto" es exclusivo de las zarigüeyas. La mayoría de las personas que han oído hablar de las zarigüeyas saben cómo se las conoce por caer al suelo haciéndose las muertas. Este acto se realiza con la esperanza de que el depredador los encuentre indeseables y los deje en paz. Esto, sin embargo, no juega en absoluto, porque la zarigüeya no eligió hacerse la muerta. Hacerse el muerto es una respuesta involuntaria por parte de la zarigüeya. No ocurre porque la zarigüeya decida hacerlo. El estrés de casi cualquier confrontación hará que entre en estado de shock (modo similar a un ataque). Este choque induce una forma de estado comatoso que puede durar de 40 minutos a cuatro horas.

Mientras está en estado de shock, la zarigüeya comienza a liberar involuntariamente olores fuertes y conmovedores de su glándula anal (liberando un moco verde y maloliente). Al mismo tiempo, están liberando saliva adicional, que tiende a hacer espuma por la boca. Ellos permanecerán quietos. Sus ojos no parpadean. Su respiración se reduce a casi nada. Y su lengua cuelga. Nuevamente, este es un mecanismo de defensa integrado en el ADN (genes) de este animal para repeler a los depredadores y garantizar la supervivencia.

Caer inconscientemente al suelo puede no ser la mejor forma de defensa contra los depredadores. Aún así, parece ser efectivo con bastante frecuencia. Entonces, aquí hay un animal que, en general, es muy pasivo y tímido. Este temperamento claramente se refiere a otro nombre inapropiado de que las zarigüeyas son peligrosas y atacarían a una persona. En realidad, las zarigüeyas son animales pacifistas, dóciles y no agresivos. No quieren ningún enfrentamiento.

Cuando se sienten amenazados, hacen un espectáculo: boca abierta, 50 dientes expuestos, espalda arqueada y muchos silbidos. Pero, rara vez se abalanzan o atacan, o incluso muerden. Eso no quiere decir que no muerdan. Son animales salvajes, y los animales salvajes morderán en

defensa propia. Pero algunos han demostrado que incluso intentar conseguir que una zarigüeya muerda no ha tenido éxito. El "espectáculo" de dientes, etc., es un intento de

ahuyentar al presunto depredador. Si eso no funciona, ¡sucede algo fisiológico!

Supongamos que una zarigüeya se encuentra con algo que se considera estresante y peligroso, y la exhibición de dientes y el silbido no ahuyenta al intruso. Ahora, el cerebro de la zarigüeya (amígdala) anula automáticamente al consciente y, sin consentimiento, envía a la zarigüeya a un estado **catatónico** (sin respuesta).

Relacionemos ahora esto con el nombre inapropiado de que las zarigüeyas son simplemente demasiado tontas para evitar convertirse en atropellados. Ahora podemos

relacionarnos con lo que podría estar experimentando la zarigüeya en lugar de lo que vemos desde nuestros automóviles. La comida arrojada desde los autos, el olor de un animal muerto, o mientras se aventura a cruzar la calle hacia donde se huele la comida, la zarigüeya se encuentra con una carretera. Aparentemente, de la nada llega este auto a toda velocidad. Si se enfoca completamente en la comida o simplemente cruza la carretera, la zarigüeya no se da cuenta del peligro.

La zarigüeya sorprendida de repente se encuentra en un miedo absoluto y luego, de repente, entra en un estado inconsciente. Ahora está tirado en el camino sin vida. El primer vehículo puede haber estado a punto de chocar con él o puede haber tenido un ligero contacto con él. De cualquier manera, la zarigüeya ahora está inconsciente y no es consciente del peligro inminente. Parece sin vida y podría estarlo por algún tiempo. Después de lo cual es susceptible de que el próximo automóvil o los automóviles siguientes terminen su viaje de vida. Hay una razón por la que las zarigüeyas están en la parte superior de la lista de atropellamientos. Y ahora sabes por qué.

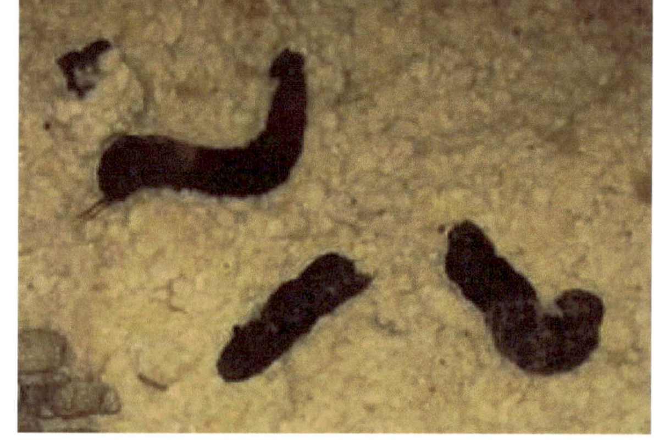

Hemos mencionado que las zarigüeyas comen garrapatas como parte de su dieta. Pero la práctica es lo

suficientemente esencial como para mencionar otro comportamiento. Una zarigüeya mata a casi el 95% de las garrapatas que se cruzan en su camino. Se estima que una sola zarigüeya es capaz de comerse unas 5.000 garrapatas cada temporada. Son muchas garrapatas en su corta vida útil. Esta práctica también nos brinda la oportunidad de desacreditar otro concepto erróneo sobre las zarigüeyas, que son sucias y desagradables. Las zarigüeyas recogen muchas garrapatas en sus viajes.

Las zarigüeyas son realmente expertas en matar garrapatas. Los científicos han revelado que las zarigüeyas se acicalan de forma meticulosa. La verdad es que la zarigüeya está mejor arreglada que tu perro. Y posiblemente estén mejor arreglados que tu gato. Y, mientras se acicalan, lamen y se tragan cada garrapata que encuentran. Este hecho es importante y solo es significativo. Las garrapatas transmiten al menos nueve enfermedades diferentes relacionadas con los seres humanos, incluida la infame enfermedad de Lyme y la fiebre maculosa de las Montañas Rocosas.

Reproduccíon

Hay varias características aquí en las que debemos centrarnos, ya que las zarigüeyas son marsupiales. Son el ÚNICO marsupial en América del Norte. En primer lugar, las zarigüeyas tienen un sistema reproductivo bifurcado. Bi-significa dos. Entonces, sus órganos sexuales (pene y tracto vaginal) se bifurcan, se dividen en dos.

En pocas palabras, es como el enchufe eléctrico estadounidense tradicional.

Hay dos clavijas en el enchufe macho y dos enchufes receptores en un enchufe hembra. La electricidad no puede fluir a menos que ambas puntas estén unidas a los receptores duales. Los primeros colonos no entendieron suficientemente esto. Se creó mucho folclore para explicar cómo los órganos sexuales masculinos y femeninos se dividen en dos. Las zarigüeyas se reproducen dos veces al año y, a

Las zarigüeyas tienen órganos sexuales bifurcados, al igual que el típico cordón eléctrico y tomacorriente doméstico. Requiere ambos antes de que pase la corriente. Se requieren ambos órganos sexuales para que se produzca la fertilización de la zarigüeya.

veces, tres. El macho, llamado gato, atrae a la hembra

haciendo chasquidos con la boca. Una vez que ha ocurrido el apareamiento, el macho se va y ya no está involucrado. La gestación (el período entre el embarazo y el nacimiento de la cría) dura solo de 12 a 13 días. En otras palabras, ¡desde la fecha del apareamiento hasta el día del parto son menos de dos semanas! La zarigüeya hembra, llamada jill, da a luz hasta 20 crías vivas a la vez. No dejes que las palabras se te escapen. Este es el período de gestación más corto de cualquier mamífero norteamericano. Y una jill puede producir hasta tres veces al año, lo que significa que podría tener hasta 39 alegrías viables (vivas).

Las crías, llamadas joeys, son increíblemente pequeñas (aproximadamente del tamaño de una abeja o una jellybean). Están subdesarrollados e indefensos. Como una jill solo tiene 13 pezones (tetinas) dentro de su bolsa (bolsillo), no todos los nacidos llegan a la bolsa. No todos los que entran en la bolsa sobreviven. Ella los ayuda desde el canal de parto a subir a la región de su abdomen medio, donde hay un orificio circular que ingresa a la bolsa.

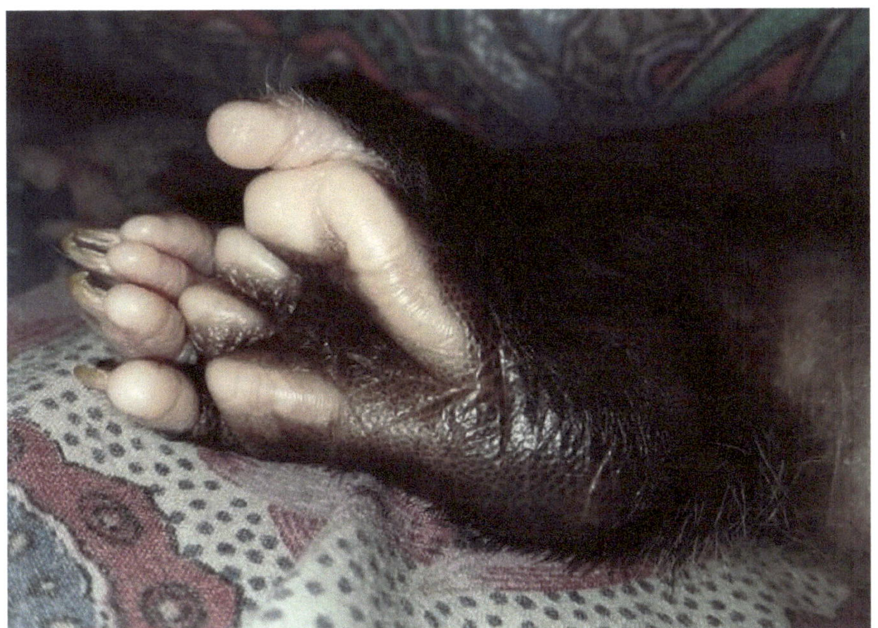

Al igual que los canguros o los canguros, los pequeños joeys entran en la bolsa y (permanentemente) se enganchan a un pezón. Aquellos que no consiguen uno, morirán. A diferencia de la mayoría de los bebés mamíferos que maman, los joeys no chupan la leche. Simplemente fluye. Se desarrollan dentro de la bolsa forrada de piel y, aproximadamente a los 55-75 días, sus ojos se abren.

Debido al crecimiento, el bolsillo se llena bastante y la mayoría se verá obligada, por necesidad, a irse, donde luego se subirá a la espalda de su madre. Después de aproximadamente 100 días, los joeys abandonan la bolsa para siempre. Luego se suben a la espalda de su madre y la acompañan mientras ella busca comida.

Los joeys jóvenes que maduran aprenden rápidamente a alimentarse junto con ella, agarrándola cuando ella sigue adelante. Con el tiempo, hay poco espacio en la espalda del jill, ya que todos los joeys han aumentado de tamaño y, por lo tanto, periódicamente, un joey se caerá y se quedará atrás. En esta etapa, los joeys tienen la edad suficiente para cuidarse a sí mismos. Así que los bosques se reponen con las zarigüeyas jóvenes que caen mientras la madre hace sus rondas territoriales.

Notas Misceláneas

Ya en la década de 1940, los científicos sabían que las zarigüeyas de Virginia poseen cierto nivel de inmunidad a las serpientes venenosas. Las zarigüeyas tienen proteínas en su cuerpo que neutralizan varios componentes tóxicos de los venenos de serpientes citotóxicos. Por lo tanto, las zarigüeyas han sido de importancia científica durante muchos años, e incluso se están realizando estudios contra el veneno.

La rabia es una enfermedad peligrosa causada por el virus de la rabia. El virus se transmite a través de la saliva de los

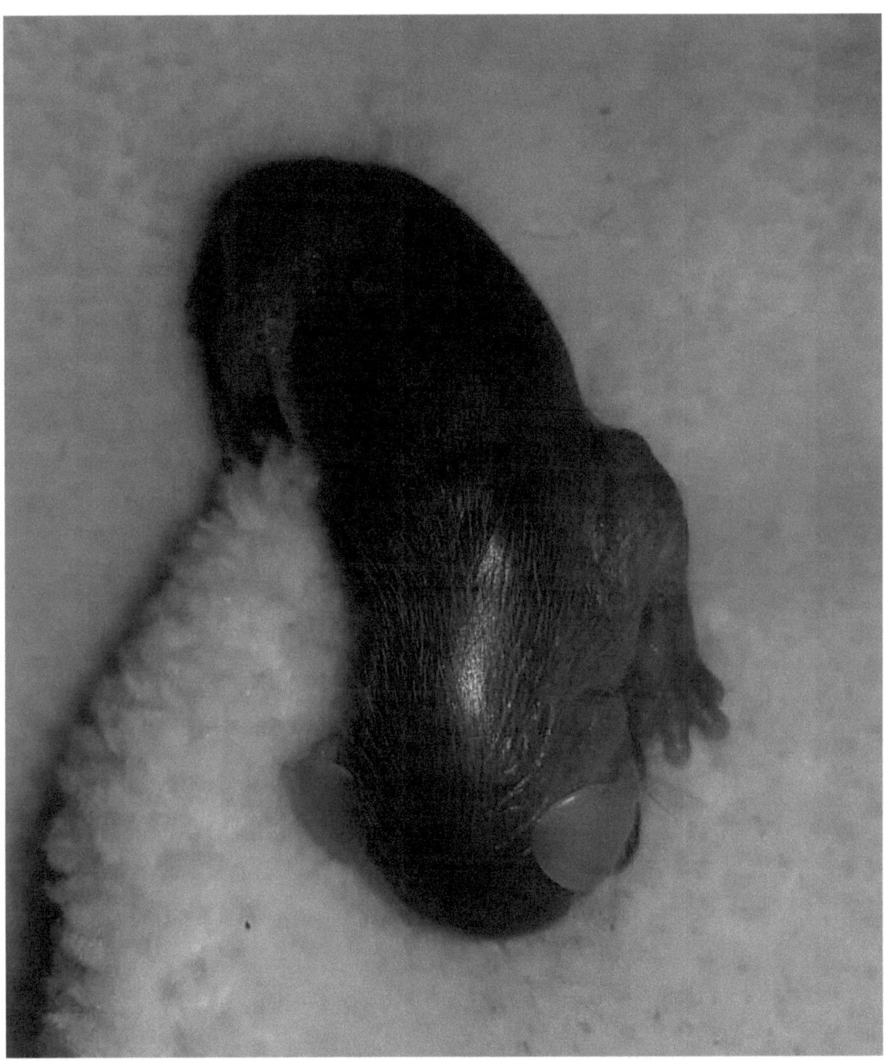

animales infectados. Los animales infectados pueden propagar el virus al morder a otro animal oa una persona. Otro concepto erróneo que debe aclararse es que las zarigüeyas conllevan una grave amenaza de ser portadores potenciales de la rabia. Esta creencia, sin embargo, es infundada y está lejos de la verdad.

Como ocurre con todos los mamíferos, la rabia siempre es una posibilidad. Sin embargo, es extremadamente raro que una zarigüeya se infecte con la rabia. La razón es que las zarigüeyas tienen una temperatura corporal ligeramente inferior a la media (94-97oF / 34-36oC). El virus de la rabia no puede prosperar a esta temperatura más baja. Puede suceder, pero es poco común. Hay algunas otras enfermedades que se pueden contraer por contacto con los fluidos corporales de las zarigüeyas. Estos incluyen los siguientes:

- Salmonelosis
- Tularemia
- Coccidiosis
- Leptospirosis
- Toxoplasmosis
- Tuberculosis (TB)

Al igual que con cualquier animal salvaje, se debe tener

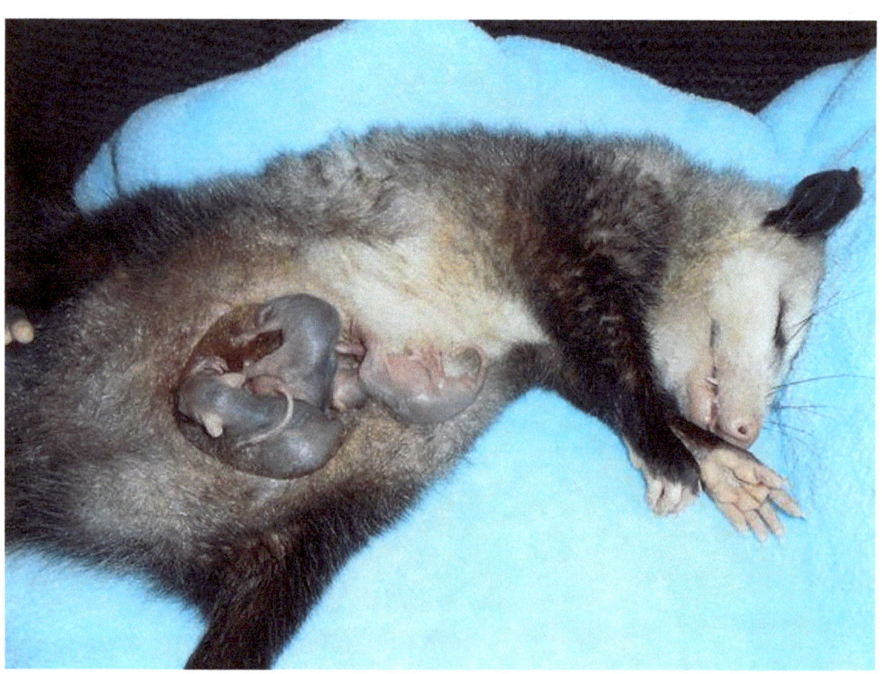

cuidado al manipular las zarigüeyas. Siempre lávese las manos por completo y concienzudamente con el jabón

desinfectante adecuado después de manipular un animal salvaje.

Aunque hemos considerado el ciclo reproductivo de la zarigüeya, se descubrió que podían tener hasta 13 alevines vivos por camada, dos o tres veces al año. Menos de la mitad sobrevivirá. La compensación es la de un mayor número de descendientes. La vida útil de las zarigüeyas norteamericanas es mucho más corta que la del mamífero promedio de su tamaño. Un oso puede vivir 40 años, o un zorro puede vivir hasta 14. Las zarigüeyas viven solo de 1 a 2 años de edad. Los que están en cautiverio han vivido hasta tres años. Entonces, la compensación es que estos marsupiales tienen docenas de crías para garantizar la supervivencia de la especie, pero una vida útil más corta. Parece funcionar para las "zarigüeyas"

Para terminar, repasemos la razón por la que tantas zarigüeyas son criaturas incomprendidas.

❖ se cuelgan boca abajo para dormir,

No lo hacen. Los jóvenes pueden hacerlo en ocasiones, y aunque la cola es muy fuerte, no es lo suficientemente fuerte como para sostener a la zarigüeya boca abajo durante más de unos minutos. La zarigüeya de Virginia nunca duerme boca abajo colgando de la cola.

❖ son peligrosas y probablemente rabiosas,

Es escaso el caso de una zarigüeya que padece rabia. La temperatura corporal de la zarigüeya casi las vuelve inmunes a que el virus pueda atacarlas e infectarlas.

❖ no son inteligentes,

Las zarigüeyas no son tan tontas como la mayoría de la gente piensa. Gran parte de esta idea errónea se basa en lo que parece ser su comportamiento estúpido en la carretera, lo que lleva a muchas muertes como atropellos. Las zarigüeyas en realidad son más inteligentes que muchos mamíferos. Han podido recordar la ubicación de los alimentos más rápido y más rápido que muchos animales de laboratorio, incluidos ratas y perros.

❖ son una molestia,

Lo pueden ser. Recuerde que alimentar a los animales salvajes (o proporcionar comida fácil a los animales salvajes solo los atrae más. Una vez que crean que usted está allí para alimentarlos, se convertirán en una verdadera molestia. Se sabe que las zarigüeyas se mudan a áticos, garajes y otros lugares estrechos). para su propia guarida. Hay ocasiones en las que es posible que se necesite una persona de remoción de vida silvestre para atraparlos, removerlos y reubicarlos. En general, las zarigüeyas tienen un propósito, un propósito fundamental. Limpian los escombros naturales en un bosque y algunas especies potencialmente

amenazantes , como comer garrapatas, insectos, ratas y serpientes venenosas.

❖ son sucios y desagradables,

Las zarigüeyas son animales muy limpios. Son mucho más limpios que tu perro mascota. Se acicalan meticulosamente y son bastante discretos en el lugar donde orinan o excretan.

❖ ni siquiera pueden cruzar la calle sin que los maten

La mayoría de las personas que ven una zarigüeya la ven muerta al borde de la carretera. Este hecho es cierto. Sin embargo, la reputación de que los atropellados son el resultado de que las zarigüeyas son estúpidas no es válida. Hemos visto que al angustiarse y alarmarse, las zarigüeyas literalmente se apagan automáticamente. Darnos cuenta de que esto está más allá del control de la zarigüeya debería ayudarnos a reconocer que tal estado de hecho pone al animal en riesgo de ser atropellado, pero no porque sea estúpido, sino porque su mecanismo de defensa podría no ser el medio de defensa más seguro o más efectivo.

Hemos aprendido mucho sobre la incomprendida pero única zarigüeya. Realmente es asombroso. Sirve bien a su medio ambiente manteniéndolo limpio, eliminando animales muertos y reduciendo las poblaciones de garrapatas, entre otras cosas. Realmente merecen más respeto del que les hemos dado, y probablemente más admiración.

Además, hemos aprendido que no es probable que una zarigüeya te haga daño. Estos marsupiales son increíblemente pasivos y rara vez agresivos. Intentarán asustarte. Entonces, sales afuera una mañana, ¡y mirarte a la cara allí en tu porche trasero es una zarigüeya! ¡Ay! ¿Qué vas a hacer? Es sencillo. ¡No te preocupes! No son una amenaza para usted y probablemente tampoco para su mascota. Por lo general, se darán la vuelta y en breve continuarán avanzando, ocupándose de su propio negocio

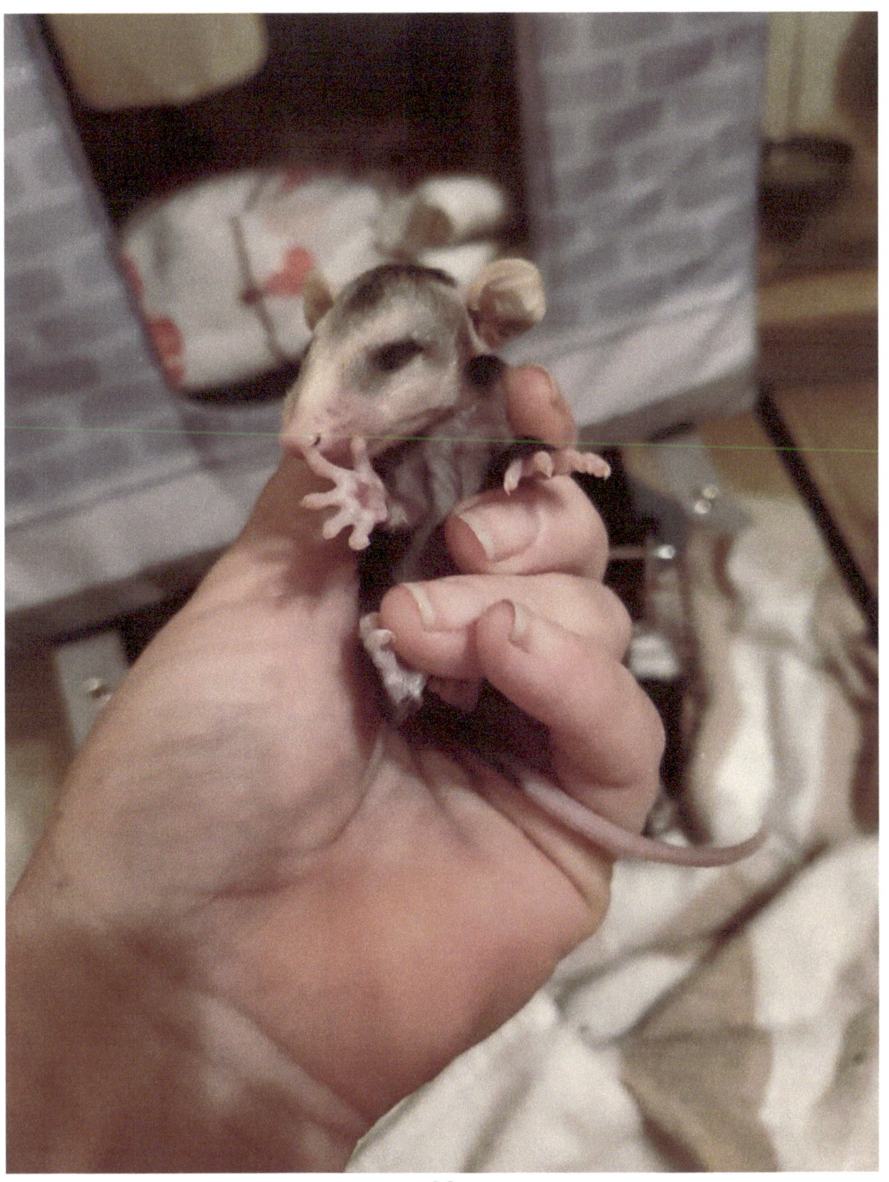

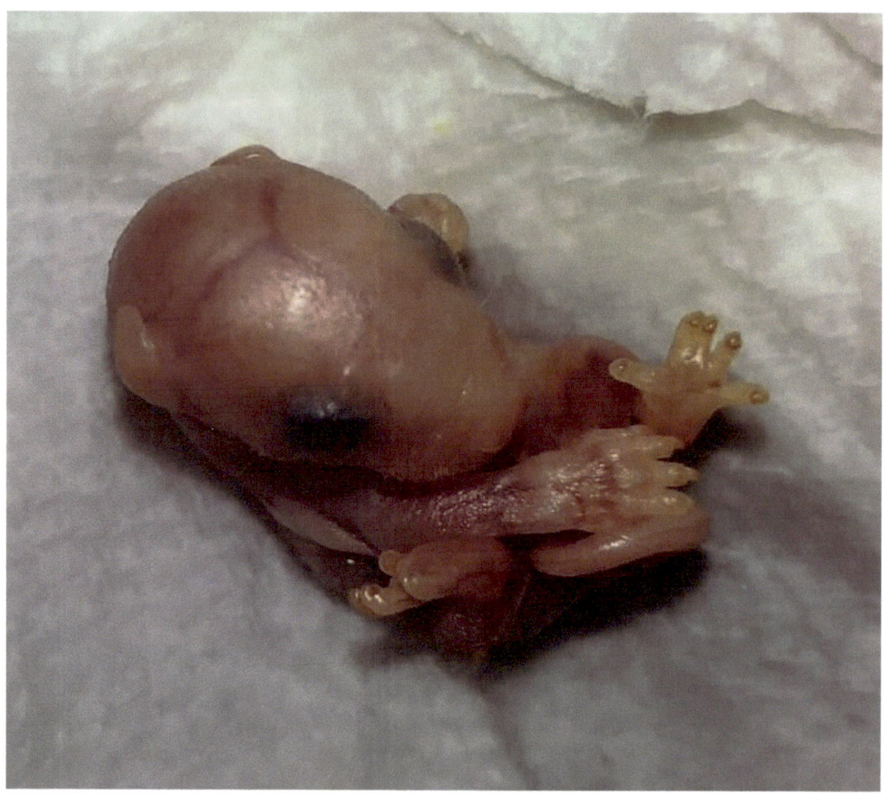

1Los joeys, al nacer, son aproximadamente del tamaño de un caramelo de caramelo de goma.

de comida de caza. ¿Son peligrosos para su jardín? No, de hecho, al contrario. Son bastante buenos para comer babosas, caracoles, insectos que les encanta comerse sus plantas y, a veces, incluso pequeños roedores.

Las zarigüeyas son beneficiosas para ayudar a mantener un ecosistema y un medio ambiente saludables, incluso más allá de eliminar las garrapatas. Consumen plagas de insectos, como cucarachas, así como ratones y ratas. Además, limpian los animales muertos en los bosques y a lo largo de nuestras carreteras.

Si encuentra que las visitas de la zarigüeya se vuelven una molestia, siempre puede rociar una mezcla. Se informa que una solución de mitad amoníaco y mitad agua es un buen elemento disuasorio. Rocíe alrededor de las instalaciones, en terrazas de madera, entradas de puertas de garaje y otros lugares que pueda visitar. Este brebaje también puede alejar a algunos otros animales molestos. Y no se olvide: retire la comida para mascotas de la puerta trasera para evitar que regresen para sus comidas fáciles y gratuitas.

REPASO

1. ¿Cuál es el único marsupial de América del Norte?

2. ¿Cuál es el nombre propio que se le da a un "animal de bolsa"?

3. ¿Qué tienen de especial las patas de una zarigüeya?

4. ¿Cuál es un término que se usa para describir la desaceleración del metabolismo del cuerpo, que también desacelera la respiración y la frecuencia cardíaca?

5. ¿Qué se entiende por comida "fácil"?

6. Una jill puede dar a luz hasta 20 joeys. ¿Por qué no es posible que los 20 se conviertan en zarigüeyas jóvenes?

7. La mayoría de los animales jóvenes llegan a un punto en el que se ven obligados a marcharse o huir. ¿Cómo "salen de casa" las zarigüeyas?

8. Algunas personas piensan que las zarigüeyas son estúpidas porque muchas de ellas terminan siendo atropelladas. Explique por qué esto no es cierto y por qué tantas personas mueren en nuestras carreteras.

9. ¿Qué significa bifurcado?

10. ¿Cuál es el tamaño de una zarigüeya recién nacida?

ZARIGÜEYA

(TLACUACHE)

PAGINA PARA COLOREAR

http://www.supercoloring.com/coloring-pages/virginia-opossum-on-a-tree

A**pplied P**rinciples of E**ducation & Learning *presents*

Applied **P**rinciples of **E**ducation & Learning *presents*

https://amzn.to/325p92Y

AMAZON AUTHOR's PAGE:

https://www.amazon.com/author/richardnesmith

https://bit.ly/3d83m0T

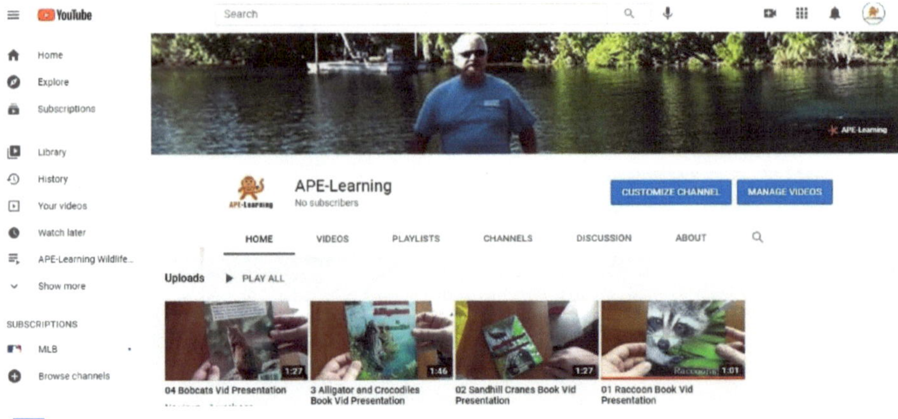

Estela's Quality English/Spanish Translation Services

(estelaandfranklin@gmail.com)

☐ **Quality Translations**   ☐ **Quality References**   ☐ **Quality Examples**

Many ***thanks*** to the investment of time and quality Estela Victoria-Cordero put into this translation.   -Dr. Richard A. NeSmith

---

[i][i] Special thanks to the following who kindly provided permission to use their photographs.

From Printest: Bobbie Coker.

From Pixabay: C.S. Bonawitz, daynaw, Jalynn, Roy Guisinger, Steve Kramero, Randall Billings, and the prolific Skeeze, who's photo made a tremendous bookcover.

Special thanks to likeminded friends who love wildlife and who willingly shared their wonderful photos: *Bely Zoey Schimmer, Stacey Diamond, Greg Jowers,* and *Dr. Laurie Aleixo.* **Extra special thank you to Brenda Philips and Bely Zoey Schimmer for their love and dedication for these animals and for a multitude of wonderful photographs!** Along with **Dr. Laurie Aleixo**, who have given a lot of their own time and money in rehabbing opossums, so many of which included raising the babies of the mommies who did not make it.

Thank you to LOUISIANA FUR ADVISORY COUNCIL for the range map ("Data provided by NatureServe in collaboration with Bruce Patterson, Wes Sechrest, Marcelo Tognelli, Gerardo Ceballos, The Nature Conservancy—Migratory Bird Program, Conservation International—CABS, World Wildlife Fund—US, and Environment Canada—WILDSPACE."). Patterson, B. D., G. Ceballos, W. Sechrest, M. F. Tognelli, T. Brooks, L. Luna, P. Ortega, I. Salazar, and B. E. Young. 2007. Digital Distribution Maps of the Mammals of the Western Hemisphere, version 3.0. NatureServe, Arlington, Virginia, USA.

Thank you everyone.

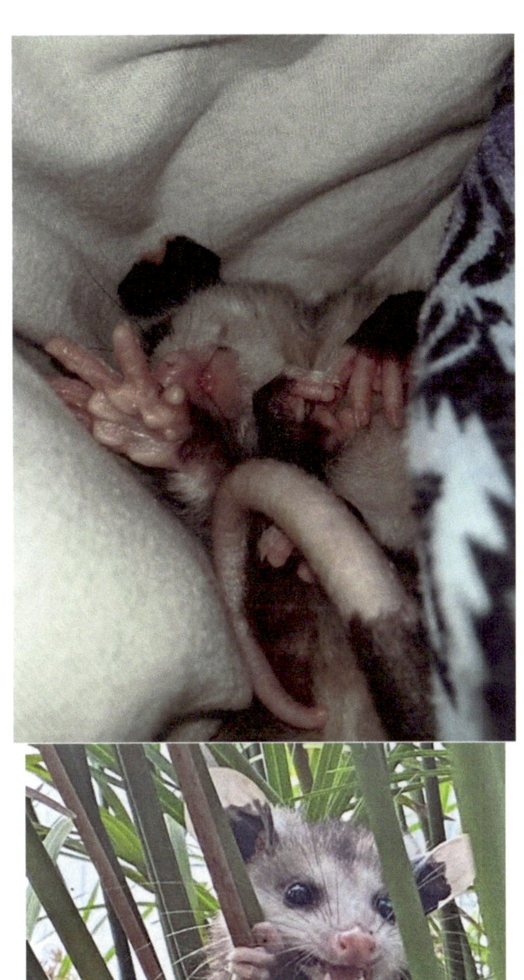

SOBRE EL AUTOR

Richard NeSmith es originario de Florida, EE. UU. Creció vadeando los pantanos del centro de Florida con sus dos hermanos menores durante la era anterior a Disney y, sin saberlo, se enamoró de la biología, la vida silvestre y la naturaleza. Ha vivido en siete estados estadounidenses, dos veces en Australia y una vez en la Ciudad de México. Tiene ocho títulos universitarios y ha sido profesor durante 14 años en escuelas secundarias, aquí y en el extranjero, y otros 13 años como profesor en varias universidades estadounidenses. Su servicio incluye profesor de educación científica, decano de educación, decano de campus e instructor en línea. Su pasión por aprender (y cómo aprendemos) no se desarrolló hasta después de graduarse de la escuela secundaria, y su única explicación es que tener una meta marcó la diferencia en el mundo. Le gusta la lectura, el excursionismo, la fotografía de naturaleza, el golf y el tenis.

Love Learning – Love Nature – Love Life